rororo

PUUH!! UND WAS MACHEN WIR JETZT?
LASS UNS ZU OPA!
OPA! OPA, ERZÄHL UNS EINE GESCHICHTE!
NA JUNGS, WAS FÜR EINE GESCHICHTE MÖCHTET IHR DENN HÖREN?
OH, WAS MIT 'NEM HELDEN! SO 'NEM RICHTIGEN!!
JA, WAS SPANNENDES!
DA LASST MICH MAL ÜBERLEGEN...
ALSO: ES BEGANN ALLES MIT DEM URKNALL...
OCH NÖÖ, NICH' SCHON WIEDER SO OLLE KAMELLEN!!
ICH KANN DIESE EWIGEN DINO-STORIES NICHT MEHR HÖREN!

NUN WARTET'S DOCH MAL AB, IHR UNRUHIGEN BÄLGER!
???
DER URKNALL HIESS PORTUGAL,
UND ER SCHOSS FUSSBALL-DEUTSCHLAND MIT DREI TOREN DIREKT IN DIE UMLAUFBAHN EINES RIESIGEN SCHWARZEN LOCHS!
!!
UND DORT DROHTE ES AUF EWIGE ZEITEN ZU VERSCHWINDEN.
R.I.P. FUSSBALL
UM DAS ZU VERHINDERN, BRAUCHTE MAN EINEN HELDEN, EINEN... ÄÄH...
NU' SACH SCHON, OPA!
A. KAISER B. FUSSBALLGOTT C. SUPERMAN D. CHRISTOF DAUM
NEIN! NEIN!! NEIN!!! DER CHRISTOF DAUM HATTE DAMALS IRGENDWAS FALSCHES ZU SICH GENOMMEN DEN HABEN SIE NIE WIEDER AN EINE WEISSE LINIE GELASSEN.
NEIN, MAN BRAUCHTE EINEN...

!
ORIGINALAUSGABE
VERÖFFENTLICHT IM
ROWOHLT TASCHENBUCH VERLAG GMBH,
REINBEK BEI HAMBURG, MAI 2002
COPYRIGHT © 2002 BY
ROWOHLT TASCHENBUCH VERLAG GMBH,
REINBEK BEI HAMBURG
UMSCHLAGGESTALTUNG VOLKER SPONHOLZ
ALLE RECHTE VORBEHALTEN
GESAMTHERSTELLUNG
CLAUSEN & BOSSE, LECK
PRINTED IN GERMANY
ISBN 3 499 23275 8
KLACKEDIKLACKEDIKLICK-KLOCK!

...Ruuudi!

ROWOHLT rororo

TEXT : LUTZ MATHESDORF
ZEICHNUNGEN : VOLKER SPONHOLZ
...UND ALLES WÄR NIX OHNE YVONNE UND THYRA !

…JA, ABER NICHT IRGENDEIN RUDI! NICHT RUDI CARRELL, RUDI RATLOS ODER RUDI, DAS RENNSCHWEIN, SONDERN **DER** RUDI, DER IN 90 SPIELEN FÜR DIE DEUTSCHE NATIONALMANNSCHAFT 47 TORE ERZIELT HATTE. DER RUDI, DER 1990 WELTMEISTER WURDE. MIT EINEM WORT: **RUDI VÖLLER!**

UNSER ALLER TANTE KÄTHE SOLLTE AN DEM WIEDERERWACHEN DES DEUTSCHEN FUSSBALLS STRICKEN…

OLIVER KAHN, RUDI VÖLLERS UNTERBISS AUF DEM SPIELFELD. KEINE FAHNENSTANGE IST VOR IHM SICHER. OLLI ZEIGT ALLEN DIE ZÄHNE UND BEISST SICH DURCH. DER EINZIGE SPIELER, DEM MAN ABNIMMT, DASS ER WILL, ER WILL, ER WILL. ALLERDINGS IST NOCH NICHT GANZ KLAR, WAS ER WILL, ER WILL, ER WILL. DEUTSCHER MEISTER, CHAMPIONS-LEAGUE-SIEGER, WELTMEISTER???

JENS NOWOTNY, RUDIS SPRACHROHR AUF DEM PLATZ. DER UMTRIEBIGE ABWEHRCHEF IST DAFÜR BEKANNT, SEINE MITSPIELER IMMER WIEDER ANZUTREIBEN, WACHZURÜTTELN UND ZU MOTIVIEREN. UNVERGESSEN SIND SEINE ANFEUERUNGSRUFE WIE: "ÄH…KÖNNTEST DU VIELLEICHT SO NETT SEIN…ÖH, NA JA, ICH MEIN JA NUR…" SOWIE SEINE MESSERSCHARFEN SPIELANALYSEN WIE: "DA HAB' ICH WOHL MAL NICHT SO GANZ SO GUT GESPIELT. HMM…"

MEHMET SCHOLL, RUDI VÖLLERS PLATZWUNDE AUF DEM SPIELFELD. MEHMET SOLL DEN ANGRIFF DER NATIONALMANNSCHAFT BELEBEN. ER SOLL KREATIVITÄT UND FREUDE IN DAS SPIEL BRINGEN. ER SOLL DEN ÜBERRASCHENDEN PASS SPIELEN, DIE TÖDLICHE VORLAGE UND DEN MASSGERECHTEN FREISTOSS. ALLERDINGS, SCHOLLI IST NIE DA! ES ZIPPERLEINT BEI IHM RECHTS, LINKS, OBEN, UNTEN. ABER WENN ER MAL DA IST, DANN ... WOLLEN WIR'S HOFFEN!

SEBASTIAN DEISLER, RUDIS FALTENCREME AUF DEM PLATZ. BASTI-FANTASTI IST DAS PRODUKT DES ALLGEMEINEN JUGENDWAHNS IN DER DEUTSCHEN NATIONALELF. VOLLER FEUER UND ELAN LÄUFT ER TATSÄCHLICH 90 MINUTEN ÜBER DEN PLATZ. WAS IHM FEHLT, IST DIE PROFESSIONELLE EINSTELLUNG, DIE MAN NUR MIT DEN JAHREN UND DER ERFAHRUNG BEKOMMT. ABER ER WIRD BESTIMMT SCHON BALD VON DEN ÄLTEREN SPIELERN GELERNT HABEN UND DANN WIE SIE PROFESSIONELL SAGEN KÖNNEN: "LECK MICH AM ARSCH!"

MICHAEL BALLACK, TANTE KÄTHES GESCHWOLLENES AUGE AUF DEM SPIELFELD. DER MITTELFELDSPIELER VON BAYER LEVERKUSEN JOBBT NEBENBEI ALS VERSUCHSPERSON FÜR DIE PRODUKTE DES KONZERNS. LEIDER STECKT ER IN EINER LANGEN TESTREIHE FÜR SCHLAFMEDIKAMENTE. TROTZ ALLEM HOFFT DIE NATION, DASS ER MÖGLICHST BALD IN DIE "HALLO-WACH"-TABLETTENVERSUCHSABTEILUNG VERSETZT WIRD.

ABER UNSER ALLER RUDI TAT SICH SCHWER...
ALSO... ICH WOLLTE NIE TRAINER WERDEN. ABER ALS DIE MICH GEFRAGT HABEN, HIESS ES, DAS WÄR 'NE TOLLE MANNSCHAFT MIT ECHTEM DURCHBLICK.
HIER GEHT'S LANG, JUNGS!
HORST
FREU
RINK 29
TICKETS

ICH WEISS, WO'S LANGGEHT!!
UPS?!
RÖHR

... UND DAS WÄREN ECHT LIEBE JUNGS ...
... UND HERZENSGUTE MENSCHEN.
FLIEGE
"SNATCH" DER
NINE INCH NAI
huhu...
ICH MEINE, KÖNNEN DIESE AUGEN LÜGEN ?!
WOW, DER AUTOR!
SUPER-FRISUR, OLLI!
RAUMSCHI
SIE MEINTEN, ES WÄREN FEINE UND HOCHMOTIVIERTE TECHNIKER ...
WWW. KIM-SCHMIDT. de
BLÖDSINN
BULL
BALLACK
6
RUDI

micker voll klein!
JETZT MÜSSEN DIE JUNGEN RAN !!!
ge stirn
LASS ZIEGE ZAPPELN RUDI!
www.hirn?.de
die magenzeitung
©Tom, jetzt bei BILD??
Tante Käthe, koch uns was!
Holschweinischer
BRING
Rudi! Nimm Effe mit!!!
Sport Wild
MUSST DU JETZT NICHT AUF DIE ALTEN SETZEN, RUDI? NATÜRLICH AUF DIE ALTEN UND EIN PAAR JUNGE. ALSO MEHR SO AUF JUNGE, NICHT, RUDI...?!?
ALLE REDEN GERADE ÜBER DEN ÖTZI. FÜHLST DU DICH AUCH SCHON GANZ ALT IN DEM JOB, RUDI?
...UND SIE WÜRDEN MICH SCHON VOLL UNTER-STÜTZEN...
ICH WOLLTE NUR SAGEN, DAS IST EIN SCHRITT, RUDI. UND WAS EIN SCHRITT IST, IST KEIN HÜPFER, UND BLABLABLABLABLABLABLABLAAA.....
NA, DER RUDI, DER... NA... DER IS' SCHON SO... WENN'S WISSEN, WOAS I MOIN...
MACH, WAS DU WILLST, RUDI. ICH BEWEIS DIR SCHON, DASS ES FALSCH WAR!
ZDF
ARD
ran enthüllt: Tante Käthes Strategien!
und jetzt bei JÜRGEN FLIEGE: "So muss es Rudi machen!"
UND DA HAB ICH DAS HALT GEMACHT!!

WAS HAB ICH GETAN ?!
BIN ICH WAHNSINNIG
GEWORDEN ???
!
12

MAL EHRLICH:
DIE SCHLECHTESTE DEUTSCHE NATIONALMANNSCHAFT SEIT JAHRZEHNTEN...
ROMA
...UND AUSGERECHNET ICH SOLL SIE ZUR WM IN JAPAN UND KOREA FÜHREN??
WAS MACH' ICH BLOSS...??
MARSEILLE A
?
WO STEHT DIE NATIONAL ELF??
Sport Wild
WARUM RUDI ALLES RICHTIG MACHEN MUSS!
UNSER 'JÜNTHER ERZÄHLT'
BERTI IN DIE WÜSTE?
!
13

ERSMA' FACHLITERATUR LESEN! DAS IST IMMER GUT!!
WO STEHT DIE NATIONAL-ELF??
Sport Wild
...AHA...
"...SOLLTEN SICH GAR NICHT ERST ZUR WM ANMELDEN..."
"...MÖCHTE DOCH KEINER SEH'N..."
...HM...
"...DER MANNSCHAFT FEHLT ES AN SELBSTWERTGEFÜHL..."
SELBST-WERT-GEFÜHL!

JUNGS! IHR SEID SCHLECHT!!
ICH WÜRDE SOGAR SAGEN: IHR SEID SEHR SCHLECHT!!!
WS?
BALLACK 8
SCHOLL 7
NEUVILLE 11
RAMELOW 6
IHR SEID SOGAR DIE SCHLECHTESTEN SEIT DEM 0:9 GEGEN ENGLAND!! 1913!!!
WOMM!
HERRIMANS - BÜCHER
MERZ
!!!
ABER...
SCHOLL

IHR SEID WAS WERT!
UND UM EUCH ZU ZEIGEN, WAS IHR WERT SEID, BIN ICH MAL KURZ BEI MEINER BANK VORBEIGEHUSCHT...
...UND HAB EUCH DAS MITGEBRACHT!
DAS BIST DU, MEHMET! ZEHN MILLIONEN IN MARKSTÜCKEN!!*
UND DA HINTEN, SECHS MILLIONEN, DAS BIST DU, MICHAEL!!
GEHT RUHIG MAL REIN!
UND DA HINTEN SIND CARSTEN, JENS, OLLI...
SCHOLL
Olli Kahn
Ballack
Rehmer
Nowotny
Jancker
SCHOLL
SV NICKEL
FORTUNA ROBIN
WEIL ICH
DAGOBERT BIN
*DIES ALLES GESCHAH IM JAHR 2000

JA! JAA, SPÜRT, WIE ES SICH ANFÜHLT!
ALL DAS SCHÖNE GELD, DAS...
...IRGENDEIN VERRÜCKTER VEREIN SCHON FÜR EUCH AUSGEBEN WIRD.
JANCKER
OH JA! BADET, MEINE JUNGS, BADET!!!
RUDI
WENN DAS JETZT NICHT GEGEN SPANIEN HILFT,...
ÖGYR
TOUR
KRAM!
...BIN ICH NICHT MAL MEHR DEN HIER WERT.
17

Retter Rudi !

4:1 gegen Spanien - Völler gibt Spielern neues Selbstwertgefühl

Hannover (spo) - Nach der total vermurksten Europameisterschaft mußte man das Schlimmste befürchten, viele sahen den deutschen Fußball schon am Ende - doch Tante Käthe höchstselbst, unser Nationalrudi, hat gleich in seinem ersten Spiel als Teamchef die Bundeskicker in die Erfolgsspur zurück geführt.

Wer die saft- und kraftlosen Nationalspieler noch vom desaströsen Portugal-Spiel der EM vor Augen hatte, glaubte selbigen nicht trauen zu können. Durch einen überragenden Mehmet Scholl, Regisseur und Vollstrecker in einer Person, und einen Alexander Zickler, der durch zwei sehenswerte Tore seinen Ruf als "Chancentod" eindrucksvoll widerlegte, schenkten unsere Jungs den Iberern gleich vier Dinger ein. Offensichtlich hat der neue Teamchef die richtigen Worte gefunden und den vermeintlichen Rumpelfüßern ihr Selbstwertgefühl zurückgegeben.

Zu Beginn des Spiels war noch eine gewisse Verunsicherung spürbar. Doch mit einem direkt verwandelten Freistoß (24. Spielminute) leitete Scholl die Wende zum Besseren ein. Wie von einer Riesenlast befreit wurde endlich mal wieder beherzter Offensivfußball gezeigt, der schon zur Pause den 35.000 Zuschauern im Niedersachsenstadion Beifall abnötigte. Nach der Pause bewies Sturmtank Carsten Jancker Scorer-Qualitäten, als er zunächst Scholl (51.) und kurz danach Zickler (57.) maßgerecht vorlegte. Zum 4:0 gab Mehmet Scholl selbst die Vorlage, und Zickler zeigte, daß er wahrlich jedem spanischen Stier davon sprinten kann (62.). Verdienten Applaus bekam dann wenige Minuten später Scholl bei seiner Auswechslung, was jedoch zum Bruch im deutschen Spiel führte. Prompt erzielte Raul den Ehrentreffer (69.), und in den letzten 20 Minuten kam kein echter Spielfluß mehr zustande. Dafür floss das Pils nach Spielende um so reichlicher, und nur ewig grantelnde Dauernörgler erwähnten, daß in Spanien noch nicht mal die Saison begonnen hat. Dieser Verweis auf mangelnde Spielpraxis zeugt von übler Unkerei und penetrantem Pessimismus. Rudi Völler hat uns wieder zu einer Fußballmacht geformt, wir haben dem Spanier die Zähne gezeigt und werden schon bald wieder große Titel gew... also, zur WM fahren wir ganz best... äh, Griechenland sollte in zwei Wochen locker... - war'n echt schöner Fußballabend.

(Foto: EM-TV)

Auch in dieser Szene umkurvt Mehmet Scholl den Spanier Etxeberria, der aufgrund seines Nachnamens noch immer keinen neuen Vertrag erhalten hat.

HEY, DAS WAR JA EINFACH !!
WENN DAS ALLES IST, WAS MAN MACHEN MUSS, DANN HABEN WIR DIE WM-QUALI SO GUT WIE GEWUPPT !
HAR! HAR!!
UND DANN FAHR'N WIR NACH JAPAN, NACH JAPAN...
...UND DANN FAAH'N WIR NACH JAPAAN...
UND DA MACHEN WIR SIE ALLE PLATT...
WAKKA!
WAS ICH MICH ALLERDINGS FRAGE, IST...
WARUM HABEN ALLE ANDEREN DIESEN JOB NICHT GEWOLLT ???

EHRLICH, ICH WILL DAS NICHT! ICH HAB NUR EINEN MOTORRAD-FÜHRERSCHEIN...
SHITBU RGER
TSV
NOWOTNY
5
KANN ICH DAS NICHT MACHEN?

ICH WEISS AUCH GAR NICHT, WIE MAN DAS MACHT!
KANN ICH NICHT?
MORD
WIR TUN DAS!

ABER WENN BIERI NICHT MITSPIELEN DARF, MUSS IRGENDJEMAND...
BITTE, ICH, ICH...
PAULI
OR!
20

...GEGEN DIE GRIECHEN DIE KAPITÄNSBINDE TRAGEN !!
ICH... ICH... KANN NICHT...
ICH BIN NOCH ZU JUNG!
ICH BIN ZU ALT!
ICH BIN ZU... HMM...WAS BIN ICH DENN?
PHLEGMATISCH, MICHAEL!
WÄHLT EDMUND SCHRÖDER ODER GERHARD STOIBER! EGAL
HAUPTSACHE FDS
MAMMA MIA
ICH BIN ZU KLEIN
WIE WÄR'S MIT MIR?
ICH KÖNNTE DOCH !!
DA HÄTT' ICH ÜBERHAUPT KEIN PROBLEM MIT...
ICH WÜRD'S AUF MICH NEHMEN!!
seufz!
NOWOTNY
5
KEINER WILL. OKAY!!
ABER AUCH, WENN ICH DAS JETZT MACHE, IST DIE DISKUSSION DARÜBER NOCH NICHT ZU ENDE!
21

DAS KAPITÄNSAMT IST BEI MIR KEINE LEERE FLOSKEL! DER KAPITÄN HAT AUCH AUFGABEN !!
?
BALL
REHMER
DEISLER
SCHOLL
KAHN
BALLACK
MATHESDORF
LINKE
NUN? WEN SOLL ICH EINSETZEN ??
ÄH... IM TOR... ÄH... KAHN ?...
BALL
SPONHOLZ
KAHN
EINE GUTE WAHL, OLLI! DU BIST WIE GESCHAFFEN FÜR DAS AMT !!
!
BALL
22

Kapitän Kahn führt Nationalelf zum 2:0

Deisler krönt Leistung mit Tor - Griechen wehrten sich

Hamburg (spo) - Nach der glanzvollen Premiere gegen Spanien hat Teamchef Rudi Völler auch den Ernstfall erfolgreich gemeistert. Gegen die aufopferungsvoll kämpfenden Griechen war Oliver Kahn erstmals Kapitän und der große Rückhalt, während auf dem Feld nur die Offensive zu überzeugen wußte.Viele Unaufmerksamkeiten in der Abwehr ließen uns lange zittern, ehe ein Eigentor von Uzunidis (75.) das Spiel entschied.

Sebastian Deisler hatte die deutsche Elf nach einer sehenswerten Kombination mit einem satten Flachschuß aus zehn Metern in Führung gebracht (17.). Doch die erhoffte Sicherheit blieb aus. Im Gegenteil: Unkonzentrierte Defensivaktionen ließen die Griechen besser ins Spiel kommen, mehrfach mußte Keeper Kahn in höchster Not klären. Doch auch die Deutschen hatten weitere Chancen durch Scholl und Jancker. Die hanseatische Luft brannte, weil tausende griechischer Fans den Weg ins Volksparkstadion gefunden hatten.
In der Pause mußte Völler den stark rotgefährdeten Heinrich durch Linke ersetzen, doch die Abwehr blieb das Sorgenkind des Teamchefs. Lediglich Jens Nowotny war immer auf der Höhe und vereitelte kurz vor Schluss eine Großchance des einschussbereiten Liberopoulos.
Letztlich überwog die Erleichterung, mit einem Sieg in die WM-Qualifikationsgruppe 9 gestartet zu sein. "Man hat gesehen, daß noch viel Arbeit vor uns liegt, wenn wir in dieser Gruppe mit den starken Engländern bestehen wollen", registrierte Tante Käthe nach dem Spiel. "Ohne Oliver Kahn hätte das heute ganz anders aussehen können". Der frischgebackene Kapitän blieb wortkarg: "Wenn man meint, ich soll es machen, dann mache ich es." Ganz anders Jungstar Deisler, der die Freude über seinen ersten Treffer in der Nationalmannschaft laut heraus posaunte: "Das war schon ein unglaublich bewegender Moment, ich mein', ich bin ja noch so jung, und schon so'n Tor, ich mein', für die Nationalmannschaft, also echt, nee, do..." Nachdenklich stimmen die unübersehbaren Schwächen in der Defensive. Da muß sich bis zum Spiel gegen die Engländer noch einiges ändern.

Basti-Fantasti auf Wolke Sieben: Er hat gerade das 1:0 erzielt! Griechen-Torwart Eleftheropoulos (Gruß an die sprechende Zunft) ist sauer.

HACH JA... WAS FÜR EIN JOB!
DAS WAR DOCH EIN GLÜCKSSCHUSS GEGEN DIE GRIECHEN, BASTI!!
QUATSCH, OLLI!
DEN KANN ICH NOCHMAL!!
ALLE HABEN MICH GEWARNT! ALLE MEINTEN, ICH WÜRDE NOCH GRAUE HAARE BEKOMMEN BEI DEM JOB!!
PASS AUF!
UND WAS IST? WIR GEWINNEN EIN SPIEL NACH DEM ANDEREN! DA KANN KOMMEN, WER WILL.
GLEICH GUCKST DU!
A PROPOS: WER KOMMT DENN ALS NÄCHSTES DRAN?
www.comic-now.de
LOCAL HEROES
2001

... AH, ENGLAND.
K.A. LENDER
2001
TERMINE DATES FEIERTAGE
ENGLAND??
ENGLAND...
ENGLAND...
ENGLAND...
AUSGERECHNET!
DA HABEN WIR DOCH SCHON MAL 0:9 VERLOREN...
DA BRAUCHE ICH EXPERTEN!
LEUTE, DIE SICH MIT ENGLAND AUSKENNEN!!
DA KANN ICH NICHT IRGEND-JEMANDEN NEHMEN!

KÖNNEN SIE MIR NICHT HELFEN? SIE KENNEN SICH DOCH MIT ENGLAND AUS.
WELL, I WILL VERSUCH IT...
GUT! ALSO: WAS IST DAS GEFÄHRLICHSTE AN ENGLAND?
WELL...
...THERE IS ZUNÄCHST EINMAL THE GRAUENFUL ENGLISCH ESSEN. PLUMPUDDING AND SO ON...
...THEN THE ENGLISH PRESSE! DAILY MIRROR, SUN AND SO ON. SCHREIBEN NOTHING THAN LÜGEN... MUST YOU TERRIBLY AUFPASSEN!!
...AUFPASSEN...
...AND YOU HAVE TO BEWARE OF THIS RÜPEL. BLACKMAN ER HEISST, OR BECKGAMMON, I THINK.
OKAY! THANK YOU, MISS WINDSOR!!
OH, THERE NOT FOR!
26

ALSO, IHR HABT'S GEHÖRT: KEIN PLUMPUDDING, KEINE ZEITUNG! UND PASST MIR AUF DIESEN SCHRECKHAM AUF!!
...
IHR MÜSST EUCH GEGENSEITIG HELFEN, WO IMMER ES GEHT!
ZUM BEISPIEL DA!!
?
!
!
!
DARF ICH DEN ZUMACHEN, MICHAEL?
NEIN, ICH! ICH!!
ICH!!! ICH MACH AUCH EINEN DOPPELKNOTEN.
SO IST'S GUT! DIE DÜRFEN NACH DEM SPIEL NIE WIEDER IN DIESEM STADION SPIELEN WOLLEN!!

Wembley demontiert!

Historisches 1:0 im letzten Spiel des legendären Stadions - Hamann überragte

London (spo) - Mit einer kämpferisch und spielerisch restlos überzeugenden Leistung hat die Deutsche Nationalmannschaft die Festung des Fußball-Mutterlandes England gestürmt und einen entscheidenden Schritt auf dem Weg zur WM in Japan und Südkorea geleistet. Durch das Freistoßtor von Didi Hamann geriet die geplante Abschiedsparty für das Wembley-Stadion zur Trauerfeier.

Es hätte so schön sein können: Zum wirklich letzten Auftritt nochmal den großen Erzfeind Deutschland von der Platte hau'n, wie weiland 1966 in jenem WM-Endspiel, das die Gemüter noch Jahrzehnte später erhitzt. Schon im Vorfeld hatte die englische Boulevardpresse zum vernichtenden Schlag ausgeholt. Nach dem Sieg gegen das deutsche Team bei der EM 2000 war man ja geschult. Doch die Stunde des Abschieds wurde zur Geburtsstunde einer neuen Mannschaft: Rudis Recken fighteten an allen Ecken und Enden des Platzes, spielten schnörkellosen Kombinationsfußball und stellten eindeutig das bessere Team. Die Mannen von Kevin Keegan schienen überrascht von so viel Courage, nur wenig hatten sie dem deutschen Engagement entgegen zu setzen. Das neue System von Rudi Völler mit fünf Mann im Mittelfeld funktionierte prächtig, die Engländer kamen im gesamten Spielverlauf nur selten zu Torchancen; und wenn, waren es Distanzschüsse von David Beckham.

Schon in der 14. Spielminute schnappte sich Hamann bei einem Freistoß aus gut und gern 35 Metern die Kugel ("Scholli, laß die Finger weg!") und jagte den regennassen Ball durch Seamans Flutschefinger zum Führungstreffer in die Maschen. Dieses Tor setzte zusätzliche Kräfte frei, und die englischen Aktionen wurden immer hektischer, je länger sie dem Rückstand hinterher liefen. 76377 Zuschauer konnten ihr Entsetzen nur schwer verbergen: Deutschland gewann, und England muß nun ernsthaft um die WM-Teilnahme zittern. Auch die Tage von Trainer Kevin Keegan scheinen gezählt. Nach dem schwachen Abschneiden bei der EM dürfte er jetzt auch den letzten Sympathiebonus vergeigt haben. "Well, I love to go fishing", schien er sich mit einer mutmaßlichen Entlassung bereits angefreundet zu haben.

Die Tante der Nation dagegen erweist sich immer mehr als Glücksgriff: "Jo mei, der Völlers Rudi is scho ein Pfundskerl, der macht des scho richtig", orakelte selbst Kaiser Franz Beckenbauer. Zum Spiel gebührt das letzte Wort dem Torschützen und überragenden Spieler Didi Hamann: "Affengeil!"

(Foto: Target Tongue)

Höchste Konzentration im Moment des Schusses bei Didi Hamann. Der Liverpooler schenkte seinen Kollegen aus der Premier League richtig einen ein.

WIE SCHÖN !!
ABER AUCH IRGENDWIE EINSAM, WENN MAN SO AN DER SPITZE STEHT...
GUINNESS
BASSET
WEMBLEY
QUEEN MUM'S DRY GIN
KANT
!
EY BASTI, ALTE NIETE, WIE HAST DU DEN GEGEN GRIECHENLAND REIN-GEMACHT ???
MAN MÜSSTE EINEN FREUND HABEN !!
EINEN RATGEBER,... DEM MAN VOLL UND GANZ VERTRAUEN KANN !!
RÜCKZIEHER - IN SPORT-BILD
FLOP!
FLOP!
FLOP!
WARTE! ICH ZEIG'S DIR, OLLI !!!
JEMAND ZUVERLÄSSIGEN, DER IMMER RECHT HAT. DEN "RATGEBER DES TRAINERS DER DEUTSCHEN NATIONALMANNSCHAFT"!
HARMS
KLEIN KUMMERFELD
MIST!
SO, JETZT ABER!!
VERFLUCHT!
DER NÄCHSTE SITZT !!!
VERDAMMT!
NU' ABER!!

ABER FREUNDE,...
...DIE IMMER RECHT HABEN...
...SO ETWAS GIBT ES HALT NICHT !!
BRECHMITTEL ! JETZT NEU AUF
ALDI
HUMMER VON ALBRECHT
...HM...AUF DIESE MANNSCHAFT SOLLTE MAN IN ZUKUNFT BAUEN ...HMMM...
BILD
SUUUPER RUUUDI !
WEMBLEY DEMONTIERT
ICH WEISS NICHT ! MAN SOLLTE DOCH VERSUCHEN, EIN PAAR JUNGE SPIELER EINZUBAUEN...
BLÖDSINN !!!
BILD
RUDI IRRT !
BECKMANN & KERNER - EIN PAAR?
BLÖDSINN ? WAS SOLL DAS HEISSEN ?? WER BIST DU ÜBERHAUPT ???
ICH BIN DER RATGEBER DES TRAINERS DER DEUTSCHEN NATIONALMANNSCHAFT !!
BILD
ICH LÜG NIE !!!
NADDEL VERONAS SCHLEPPER?
ECHT ?!? DAS IS' JA GEIL !!!
FIND' ICH AUCH !
BILD
STEFFI WIEDER SCHWANGER
RUDI BEGEISTERT
VON BORIS ??
DAS MUSS ICH GLEICH DER MANNSCHAFT ERZÄHLEN !!
SHIT ! SCHON WIEDER DANEBEN !
BILD
EDMUNDS ESKAPADEN...
RUDI'S NEUER STARBERATER
30

JUNGS! ICH HABE DEN ULTIMATIVEN UND FACHKOMPETENTEN BERATER DES TRAINERS DER DEUTSCHEN FUSS-BALL-NATIONAL-MANNSCHAFT GEFUNDEN.
NUN KANN NICHTS MEHR SCHIEF GEHEN IM NÄCHSTEN SPIEL GEGEN... ÄH ... ÄH ...
BILD
ALBANIEN ALBANIEN ALBANIEN
RUDI
RICHTIG! ALBANIEN!!
IHR SEHT, ER HAT IMMER RECHT, UNSER NEUER BERATER!
BILD
APPLAUS! BRAVOS!! JUBEL-STÜRME!
RUDI
ICH FREUE MICH, IHNEN MITTEILEN ZU DÜRFEN, DASS WIR, UND DAMIT DAS DEUTSCHE VOLK, ÄUSSERST ZUFRIEDEN MIT IHNEN WAREN UND DASS WIR UNS DAS IM NÄCHSTEN SPIEL NATÜRLICH AUCH WIEDER WÜNSCHEN.
BILD
NEVER CHANGE A WINNING TEAM!!!
DARUM SOLLTEN WIR AN DER MANNSCHAFT NICHT VIEL ÄNDERN!!
BALLACK 8
REHMER
LINKE
HOFF
31

DIE BILD-ZEITUNG??
DIE LÜGT DOCH, DASS SICH DIE BALKEN BIEGEN!!
GENAU!
?!
BILD
WAS
AUF DER ANDEREN SEITE GEHT ES GEGEN ALBANIEN. DA MUSS MAN OFFENSIV SPIELEN! DIE MUSS MAN WEGPUTZEN!!
BILD
NEUES SPIEL - NEUE SPIELER!
!
AUSSERDEM SOLLTEST DU UNBEDINGT JUNGE SPIELER EINSETZEN, RUDI! DEM NACHWUCHS EINE CHANCE!!!
WENN DU MEINST...
BILD
BALLACK, LINKE & REHMER RAUS!!!
32

HIER! ICH HAB MAL EINE LISTE GEMACHT.
MIT ECHT JUNGEN SPIELERN AUS DER BUNDESLIGA!!
HOMESTORY: SO LANGWEILIG IST ES BEI
BILD
RUDI ZU
DIE SIND ECHT NICHT SCHLECHT. DA WÄCHST WAS NACH!!
HIER ZUM BEISPIEL: DIESER HARGREAVES...
BILD
???
WOT ...?
HARGREAVES? DER IST ENGLÄNDER, DEN KANNST DU NICHT EINSETZEN!
BILD
RUDI RATLOS?
NUN GUT... DANN DIESEN ROSICKY!!
ROSICKY IST TSCHECHE!
BILD
LISZTES!
UNGAR.
MPENZA!!
BELGIER!
KLOSE!!!
POLE.
BILD
ICH WILL EINEN JUNGEN SPIELER HABEN!!!
HM... BEI DIESEM KLOSE KÖNNT' MAN VIELLEICHT NOCH WAS DREH'N...
BILD

Mit Hängen und Würgen

Miroslav Klose erlöst Rudis Rüben - 2:1 gegen Albanien

Leverkusen (spo) - Den üblichen Grottenkick gegen Fußballzwerg Albanien konnte die deutsche Nationalelf einmal mehr nur mit Riesendusel erfolgreich beenden. Der jüngst eingebürgerte und spät ins Spiel gekommene "Joker" Miroslav Klose köpfte knapp oberhalb der Grasnabe und ebenso knapp vor dem Schlußpfiff das umjubelte Siegtor.

Man möchte fast von einem Rückfall in Ribbeck'sche Zeiten sprechen, so zerfahren und ungeordnet wirkte das Spiel der Deutschen. Schon früh hätte Oliver Bierhoff die Weichen auf Sieg stellen können, doch sein Kopfball verfehlte das albanische Tor knapp (2.). Was danach folgte... ich könnte ihnen lieber eine Geschichte erzählen, das wäre unterhaltsamer!? Aber da ich die Kohle vom Verlag bekomme, muß ich wohl... Also: Es war haaaarsträubend! 0:0 zur Pause. 50. Minute traf Deisler nach Vorarbeit von Scholl, doch statt gleich offensiv nachzusetzen, glichen die Albaner nur 15 Minuten später verdient (!) aus. Als Miroslav Klose in der 72. Minute eingewechselt wurde, hatten einige der 22500 Zuschauer dem Elend bereits den Rücken gekehrt. Daß Klose aus einem Meter in Kniehöhe und mit viel Zeit per Kopf abstaubte - soll man froh sein, daß er "mit Köpfchen" agiert hat oder das mangelnde Fußvertrauen beklagen? Sein obligatorischer Jubelsalto stellte jedenfalls die mit Abstand spektakulärste Aktion von deutscher Seite dar. "Drei Punkte sind drei Punkte", übte sich der Bundesrudi in Algebra, während einmal mehr Oliver Kahn Klartext sprach: "In dieser Form werden wir im nächsten Spiel von den Griechen eingeölt!"

(Foto: Henk Maulwurf)

Verklärt schaut Miroslav Klose dem Ball ins albanische Tor nach. Was für ihn ein Traumdebüt, war dem Zuschauer ein Albtraum mit unverdientem Happy-End.

HAST DU SCHON GEHÖRT, OLLI?
NEE, WAS?
NA, DER KLOSE IST DOCH EIGENTLICH POLE - UND SPIELT JETZT FÜR DIE DEUTSCHE NATIONALMANNSCHAFT.
WEM SAGST DU DAS...
JANCKER
DA HABEN SICH DIE POLEN GEDACHT: UNS FEHLT EIN STÜRMER - UND SCHON WAR EIN NIGERIANER EINGEBÜRGERT.
HAB' ICH NICHT GESAGT, ICH SCHAFF' DAS LOCKER NOCH MAL?!
NUN FEHLT ABER DEN NIGERIANERN EIN STÜRMER... UND DA MÜSSEN WIR DEUTSCHE NATÜRLICH EINSPRINGEN!
FREUST DU DICH SCHON AUF DEINE NEUE AUFGABE? SOLL JA SCHÖN WARM SEIN DA UNTEN...
NIGERIA?
ALLE AUFSTELLEN ZUM MANNSCHAFTS-FOTO!!!

DAS SPIEL GEGEN GRIECHENLAND WAR ÜBRIGENS DAS 700. hick! STE DER DEUTSCHEN LÄNDERSPIELGESCHICHTE...
¡börps!¡
ICH WUSSTE JA, DASS WIR JEDE HILFE GEBRAUCHEN KÖNNEN...
...ABER VO
POLNISCH
STAATSZIR
WEISST DU, JENS... IRGENDWIE BIN ICH NICHT GUT DRAUF...
MACHT NIX, CHRISTIAN! JEDER HAT MAL EIN SCHLECHTES JAHRZEHNT!!
SCHOLL
NA, HAUST DU JETZT GEGEN DIE GRIECHEN WIEDER EINEN RAUS, BASTI??
ICH BIN FÜR NÄCHSTES SPIEL GESPERRT, HARKO.
?

Mit zehn Mann zum 4:2-Sieg

Deisler bekam Gelb-Rot - Rehmer in Hochform

Athen (spo) - Zumindest unterhaltsam sind Länderspiele geworden seit Rudi Völler das Zepter schwingt. Seine offensive Spielphilosophie bescherte dem deutschen Team trotz größter Defensivdefizite eine nach wie vor weiße Weste auf dem Weg zur Weltmeisterschaft.

Wie schon im Hinspiel lagen die Qualitäten der deutschen Elf klar in der Offensive. Doch die zweimalige Führung durch Rehmer (6.) und Ballack (25., Foulelfmeter) konnten die engagiert spielenden Griechen nach groben Abwehrschnitzern von Wörns und Nowotny durch Charisteas (21.) und Georgiadis (43.) ausgleichen. Als nach einer Stunde auch noch der total übermotivierte Deisler nach einer Blutgrätsche an der Mittellinie die gelb-rote Karte sah, schienen Rudis Buben die Felle davon zu schwimmen. Doch der Teamchef bewies Mut, indem er mit Klose und Bode zwei Offensivspieler einwechselte. Beide dankten ihm das Vertrauen mit den spielentscheidenden Toren: Klose per Kopf nach Flanke von Ziege (82.) sowie Bode mit herrlicher Direktabnahme nach einer Maßflanke von Marko Rehmer (90.). Trotz des Sieges war der Bundesrudi unzufrieden: "Zwei mal führen und noch so in Bedrängnis kommen - das darf nicht sein. Meine Jungs scheinen auch Geld vom Sozialamt zu bekommen." Einzig Rehmer nahm er von seiner Kritik aus. "Wenn der Marko so weiter macht, hat er seinen Stammplatz sicher." Auch Rehmer meinte: "Wenn ich so weiter mache, habe ich meinen Stammplatz wohl sicher." Nur Basti-Fantasti haderte mit seinem Schicksal: "Wenn ich so weiter mache, bin ich meinen Stammplatz wohl los." Und bevor hier noch Gerhard Mayer-Vorfelder über seinen Stammbaum spricht, machen wir lieber nicht weiter.

(Foto: Cardios Rotatis)

NEIN! NEIN!! NEIN!!! DAS KANN DOCH NICHT ANGEH'N!
ZWERCHFELL-COM
FLYING KIWI
JA! JA! FAST QUALI-FIZIERT!
BILD
WIE SOLL DAS NUR WEITER GEH'N??
NUMMER NEUN
ES GEHT WEITER
SIE SIND EINFACH ZU... ZU LIEB, MEINE JUNGS!!
BILD
WENN SIE MAL IN FÜHRUNG GEH'N, HABEN SIE GLEICH EIN SCHLECHTES GEWISSEN!
SKRUPELLOS ZUGESCHAUT!
DANN SCHENKEN WÖRNS UND NOWOTNY DEM GEGNER DIE TORE...
...ODER BASTI-FANTASTI LÄSST SICH TO-TAL ÜBERMOTIVIERT VOM PLATZ STELLEN!!
DEN HAU' ICH DIR JETZT REIN, OLLI!
HAMELN
LÜBECK
KIEL
38

ICH MACHE MIR ERNSTHAFT SORGEN !!
?
SCHTOMP
QUATSCH, RUDI !!
QUATSCH ??
?
?
WAS WILLST DU ? SIE HABEN GUTE DEUTSCHE TUGENDEN GEZEIGT UND DEN GEGNER NIEDERGEWRUNGEN !
!
!
NIEDERGEWRUNGEN ??
WILLST DU, DASS SIE ZAUBERN WIE HARRY POTTER? ODER SOLLEN SIE SICH EIN BEIN AUSREISSEN ???
SCHENGEL!
POTTER..
Zaubern..
..Bein ausreisse...

Rudi Potter
UND DAS BEIN AUS-REISSEN
PFUM
So werden sie es nie schaffen, Potter!!
AAAAAH!
DFB
SIEGES WILLE
TECHNIK

Sie müssen sich schon mal ein Bein ausreissen, Potter! Nochmal so was, und ich ziehe ihrem Haus drei Punkte ab?!
!
Kicher!
PUH...
WIE SOLL ICH DAS BLOSS SCHAFFEN??
ICH KANN DOCH NICHT ZAUBERN!
?
WIR HELFEN DIR, POTTER!
ÄH...GENAU!
ICH BIN BILDINE ZEITUNGER. DIE KLUGE. DIE ALLES BESSER WEISS UND BESSER KANN.
UND DAS IST...
ÄH...ÄH... GÜN NETZLEY, DEIN ...BESTER FREUND?!
!
KRATZ!
SCHUMILOT I.
41

WIE WOLLT IHR MIR HELFEN??
ICH SOLL TECHNISCH PERFEKTE SPIELER ZAUBERN!
IMMER ÜBERLEGEN GEWINNEN!!
DIE ZUKUNFT SICHERN!
PUNKTE FÜR MEIN HAUS HOLEN...
...UND GANZ NEBENBEI DIESES KOMISCHE DING HOLEN!!!
HEHEHE...

ACH JA, UND DANN SOLL ICH NOCH DIESEN...
...WIE HEISST ER NOCH? IRGENDWAS MIT "...MORT" ...ODER SO...
...IN DEN HINTERN TRETEN!!
DABEI SOLL ICH DOCH LERNEN HIER!
SCHAU MAL, BILDINE, WAS FÜR EIN KOMISCHER STEIN...
42

NEIN, NEIN, GLAUBT MIR: IHR KÖNNT MIR NICHT HELFEN!
ACH ÜBRIGENS: DAS IST MARGRID! NOCH SO EINER, DER MIR HELFEN WILL...
WALDEMARGRID, UM GENAU ZU SEIN!
NUN? WIE WOLLT IHR MIR DENN HELFEN??
MIT DUMMEN SINNSPRÜCHEN?
MIT ALTBACKENEN WEISHEITEN??
ODER MIT DEM WEG VON FRANZUS BECKENBORE!
43
DEM WEG VON PROFESSOR BECKENBORE??
OJE!
OJE, OJE!!
DAS DURFT' ICH GAR NICHT SAGEN...
ICH HAB' DOCH VERSPROCHEN, DEN GANG IM GRÜNEN TURM NICHT ZU ERWÄHNEN...

LOS! ERZÄHL VON DEM GANG, MARGRID!
ODER ICH MACH DEIN EI KAPUTT!!
NICHT MEIN EI!!!
hrgs!
!
UND SO ERZÄHLTE MARGRID EINE HAARSTRÄUBENDE GESCHICHTE VON KOBOLDEN, UNTERIRDISCHEN ACHTERBAHNEN, FLIEGENDEN BESEN, EINHÖRNERN UND ZENTAUREN. SO UNGLAUBLICH, DASS ES ALS BUCH GARANTIERT IN DEN REGALEN DER HÄNDLER VERSTAUBT WÄRE.
GUT! DANN MÜSSEN WIR JETZT LOS!!
VON WEM HAST DU EIGENTLICH DAS EI, MARGRID??
SOLL 'N DRACHENEI SEIN…
VON 'NEM TYPEN INNER KNEIPE. HIESS… MORT ODER SO WAS…
44

OKAY... WIR MÜSSEN IN DIESEN GANG!
HALT, RUDI!! DU KANNST NOCH NICHT GEHEN...
PASSWORT?
DU MUSST ERST NOCH QUIDDICH SPIELEN, GEGEN DAS HAUS DER FINNODUFFS. WIR VON DEUTSCHFINDOR BRAUCHEN DIE PUNKTE DRINGEND!!
...ÄH... "LOTHAR IST DER GRÖSSTE"?
AUF-KLAPP!
HM... BILDINE?
JA, RUDI?!
WAS IST QUIDDITSCH?
BLÖDES PASSWORT...
QUIDDICH!! IST SOWAS WIE FUSSBALL AUF BESEN!
45
Deutschlandor
NA, DAS IST JA EINFACH!
PLOF

WAAAAAAAAH!!
B-BILD-DINE ... D-DU HA-HAST K-KEIN W-W-WORT V-V-VOM F-F-FLIEG-GEN G-G-GESAG-GT-T...
!
HIARK! HIARK!
!

HABEN WIR GEWONNEN...?
NICHT GANZ. UNENTSCHIEDEN.
JANCKLEY HAT NOCH EINEN QUAFFEL VERSENKT UND DER JÄGER BULLOCK VORHER EINEN FREISTOSS REINGEKLATSCHT.
ACH WAS...
DAFÜR WERDEN UNSEREM HAUS WIEDER ZWEI PUNKTE ABGEZOGEN. DU BIST UNMÖGLICH, RUDI POTTER!!
ICH??
JETZT IST HAUS ENGLERIN WEIT VORNE. WIR MÜSSEN NOCH ETWAS SPEKTAKULÄRES KLARMACHEN, SONST SCHAFFEN WIR ES NICHT.
BÖRP!
ICH ZIEH' MICH NICHT AUS FÜR "PLAYGIRL"! DAS KANNSTE VERGESSEN!!
DAS IST ZWAR HÖCHST BEDAUERLICH, ABER WAS ICH MEINTE, WAR:
WIR MÜSSEN DEN GANG DES FRANZUS BECKENBORE GEHEN!!
SACH ICH DOCH SEIT STUNDEN...
GRUMMEL...
ISDOCHWAHR-HÖRTDOCHAUF...

Und so, in der folgenden Nacht....
DER GANG DES...
...PROFESSOR BECKENBORE!
MÜSSEN WIR DA WIRKLICH REIN...?
ICH HAB' DAS GEFÜHL, DASS DAHINTER ETWAS UNVORSTELLBARES, GRAUSAMES, ENTSETZLICHES LAUERT...
STILL, NETZLEY!!

DA! ICH HAB'S JA GESAGT!! ETWAS ENTSETZLICHES... GRAUSAMES!!
ACH WAS!
LUMOS!!
OLLI ?!?
WAS HABT IHR DENN ERWARTET?
EINEN DREI-KÖPFIGEN HUND??
:KICHER!:
ICH BIN TORHÜTER UND DAFÜR ZUSTÄNDIG, DASS KEINER REINGEHT!!
ALSO HAB' ICH HIER DIESEN JOB BEKOMMEN!
ICH LASS NIEMANDEN DURCH!!
ABER UNS LÄSST DU DOCH DURCH... ODER?
49

GUT! DANN GEH'N WIR HALT...
...WIEDER!
RUDI ?
PLOTSCH!
ICH GLAUB', ICH BIN IN EINEM... PLUMPUDDING GELANDET!!!
IIIHH!!
WIE EKLIG!!
WAS WOHL IM NÄCHSTEN RAUM KOMMT... ??
50

HMMM...
OJE... WELCHER VON DEN BÄLLEN WOHL PASST?
IST DOCH EGAL, WELCHER...
...HAUPTSACHE, ER SITZT !!!
GUTER SCHUSS, RUDI!
KEINE AHNUNG!
UND NUN?
ICH WEISS, WAS DAS IST!
DAS IST EIN RIESEN-TAKTIKBOARD!
HIER, DIE DEISLER-FIGUR MUSS NACH RECHTSAUSSEN!
...ODER??
MAG SEIN, NETZLEY, ABER DIE TÜR IST ÜBERHAUPT NICHT VERSCHLOSSEN.

?
...ODER SOLLTE ER LIEBER IN DIE ABWEHR ?? UND JANCKER DEFENSIV ?...
!
LAUF-FREUDE
ÜBER SICHT
AGGRESSIVITÄT
DAS IST EINFACH! DU MUSST NUR IM RICHTIGEN VERHÄLTNIS MISCHEN, UND SCHON HAST DU DEN PERFEKTEN SPIELER!!
ICH SCHAU MAL, OB DIE NÄCHSTE TÜR NICHT AUCH UNVERSCHLOSSEN IST...
HIER EINEN SCHUSS TECHNIK... NICHT ZUVIEL INTELLIGENZ...
SIE SIND ES! WUSST' ICH'S DOCH!!!
JA, ICH BIN ES!!
DER ENTSETZLICHE, GRAUSAME, FURCHTERREGENDE BECKHAMORT!!
UND UM DIR ZU ZEIGEN, WIE FÜRCHTERLICH ICH BIN, WERDE ICH DIR...
...MEIN ZWEITES GESICHT ZEIGEN!!
MEISTER...
ZING
RUDI?
52

SIEH HER UND ZITTERE, RUDI POTTER!!
HRGS!
ABER... WARUM HABEN SIE DAS GEMACHT? ES SIEHT GENAUSO GRÄSSLICH AUS WIE IHR ERSTES!!
NUN...
VICTORIA MEINTE, DAS WÄR' JETZT "IN"...
ABER EGAL! ICH WERDE DICH JETZT VERNICHTEN!! DANN WIRST DU NICHT MEHR NACH JAPAN KOMMEN UND DIR DA EIN BEIN AUSREISSEN, UM DEN POKAL ZU HOLEN. ICH WERDE...
ICH WERD' DIR WAS, CARSTEN! NICHT AM BEIN RUMREISSEN, UM JEMANDEN WIEDERZUBELEBEN!!!
NICHT...?
BILD
WAS IST MIT RUDI LOS???
Rudi! Rudi!!
DU BIST WIEDER WACH!!
BILD
RUDI AUF DEM VORMARSCH!
NÄCHSTES SPIEL NAHT!
EI-DOPING
BEI DEM LÄRM...?!
AUF DEM FELD MACHEN DIE DAS AUCH IMMER, WENN EINER ZU SCHWACH IST.

ICH...ICH HAB' EINEN IRREN TRAUM GEHABT, BILDINE...
DEN MUSS ICH DIR ERZÄHL'N!
BILDINE ???
KEINE ZEIT, RUDI!! DU MUSST JETZT DIE FINNEN SCHLAGEN!
BILD
WEN STELLT RUDI AUF?
STELL DEINE MANNSCHAFT AUF!!
FINNODUFF!!
ALSO...ALSO...ÄH...JANCKLEY WIRD TREIBER...BULLOCK IST JÄGER...UND ICH MACH DEN SUCHER!!
?
PAY-TV?
NÖ!
BILD
NIMM ASAMOAH!!!
DU DARFST GAR NICHT MEHR MITSPIELEN, RUDI! NIMM JEMAND ANDEREN!!
NEUSIEDLER
BILD
ASAMOAH ASAMOAH ASAMOAH!
ALSO GUT! NEHM ICH HALT ...A...SA...MO...AH...
WER IMMER DAS AUCH SEIN MAG!?
!
BOYS
BILD
GERALD ASAMOAH NATIONAL-SPIELER!
RUDI WILL IHN!
GEHT EH 2:2 AUS!
??
BILD
WAS HAT RUDI?
54

Kahn hielt 2:2 fest

Nach 0:2 bewies deutsche Elf Moral - Jancker als Retter

Helsinki (spo) - Sack und Asche, das war knapp! Ausgerechnet gegen die Finnen, in der Vergangenheit oft Aufbaugegner deutscher Nationalmannschaften, schrammte das Team von Rudi Völler knapp an der ersten Niederlage in der WM-Qualifikation vorbei. Doch mit Kampf und Moral wurde ein 0:2 zur Pause noch zum versöhnlichen Unentschieden gerettet.

Auch eine Portion Glück half Rudis Rüben, die schon wieder große Abstimmungsprobleme in der Abwehr offenbarten. Nowotny war mit den ständigen Zweikämpfen gegen den quirligen Forssell sichtlich überfordert. Zwei Tore des Finnen sind nur schwacher Eindruck dessen, wie schwindlig er den Leverkusener meist spielte. Im Sturm zeigte Debütant Gerald Asamoah eine couragierte Leistung, doch im Abschluß versagten gleich mehreren deutschen Spielern die Nerven. Oder sind die einfach so schlecht? Jedenfalls kam es überraschend, als Völler in der 62. Minute Neuville vom Feld nahm, Jancker aber weiter spielen ließ, der bis dahin lediglich die Knochen der Gegenspieler getroffen hatte. Doch kurze Zeit später wurde eine dieser Wrestling-Einlagen des Münchners mit einem Elfmeter belohnt, den Ballack sicher einlochte (68.). Und kaum war der Jubel verklungen, schaffte der kahle Sturmtank selbst mit einem plazierten 20 Meter-Schuß den Ausgleich. Wer jetzt den Sieg der Deutschen erwartet hatte, mußte sich eher bei Oliver Kahn bedanken, dass es nicht doch noch eine Niederlage wurde. In den letzten Minuten hielt unser Klassekeeper mehrfach gegen freistehende Finnen und sicherte einen wichtigen Punkt. Nur: In dieser Form wird's auch gegen Angstgegener Albanien schwer.

Foto: Kali Multiiarmiinen)

Trotz zweier Gegentore zeigte Olli Kahn dem Finnen mal, was ein Champions-League-Sieger-Torwart alles kann

Japan, wir kommen!!!

Glanzloses 2:0 gegen Albanien - Rehmer und Ballack trafen

Tirana (spo) - Erstmals seit 20 Jahren gewann eine deutsche Nationalmannschaft mit mehr als einem Tor gegen den vermeintlichen Fußballzwerg Albanien. Damit haben die Mannen von Teamchef Rudi Völler das Tor zur Fußball-Weltmeisterschaft 2002 weit aufgestoßen.

Eine Fußball-Gala kann man nicht erwarten, wenn unsere Jungs auf albanischem Acker hochmotivierten Balkan-Kikkern entgegen treten. Doch ein 2:0 kann man abhaken, die drei Punkte freudestrahlend in den schon prall gefüllten Quali-Topf werfen und feststellen: Noch ein Punkt gegen England und wir sind durch! Wer will da noch über die fast schon obligatorisch patzende Abwehr nörgeln, verpassten Chancen nachtrauern oder die Glücklosigkeit der albanischen Stürmer anmahnen?! Okay, die Führung durch Rehmer (28.) fiel just, als das Spiel zugunsten der Albaner zu kippen drohte. Aber wieso ist das immer Glück bei unser'n Jungs und Timing, wenn Brasilien das passiert? Ist doch wahr... Und man muß auch einfach mal sagen, dass der Ballack sich endlich von seiner besten Seite gezeigt und seine Leistung mit dem 2:0 gekrönt hat. Auch Marko Rehmer überzeugte erneut, und die Rückkehr des gegen Finnland gesperrten Deisler machte sich offensiv positiv bemerkbar. So war unser Bundesrudi auch hochzufrieden: "Der Ramelow kriegt noch 'nen Einlauf nachher." Äh, richtig, der Ramelow, der hatte nämlich in der 38. Minute eine rote Karte bekommen weil er Gegenspieler Murati beim Foulen zugesehen hatte. Oder so. Jedenfalls blieb es ein Geheimnis von Schiedsrichter Veissiere, wieso er *beide* Spieler des Feldes verwies. Sei's drum, die WM kann kommen!

(Foto: Harald Töpfer)

"Meine Güte, ich hätt' mir fast ein Bein ausgerissen", schwitzte Michael Ballack später ob seines fulminanten Schusses zum 2:0

ICH HAB'S EUCH PROPHEZEIT, CARSTEN...
ABER ICH HAB' DOCH GAR NICHTS GEMACHT, TRAINER!
BILD JUCHU!
DAS IST ES DOCH GERADE !!!
IST DOCH EGAL, RUDI! WIR HABEN JETZT SECHS PUNKTE VORSPRUNG AUF DIE ENGLÄNDER.
?
hrgs!
JETZT HEISST'S JAPANISCH LERNEN! KONO BUN WO FURANSUGO NI YAKUSHITE KUDASAI !!!
BILD JETZT SIND WIR DURCH!
RAMELOW "HAT NIX GEMACHT" - TROTZDEM ROT!
TATSÄCHLICH... SECHS PUNKTE VORSPRUNG...
ABER DIE ENGLÄNDER HABEN EIN SPIEL WENIGER...
UND WIR SPIELEN NOCH GEGEN ENGLAND... ERGO?
"KONO BUN"... ÄH... KÖNNTEN SIE...
..."WO FURANSAGO"...?
JAPANISCH FÜR BREMER
RAMELOW
DANN SIND WIR REIN RECHNERISCH NOCH NICHT DURCH !?!
"YACKUSCHIITE?"
ACH WAS, "YAKUSHITE ...KUDASAI"... HM, DAS HEISST AUF DEUTSCH:...
HM...
"KÖNNTEN SIE DIESEN SATZ INS FRANZÖSISCHE ÜBERSETZEN"!?!
NICHT JETZT, MARCO!
57

HM... ES HEISST JA NICHT UMSONST: DER BALL IST RUND UND DAS SPIEL DAUERT 90 MINUTEN. PLUS NACHSPIELZEIT !!!
ABER DANN MÜSSTEN DIE ENGLÄNDER SCHON 5:1 BEI UNS GEWINNEN, RUDI! HAHAHA, DAS GLAUBST DU DOCH SELBER NICHT !!
SAG MAL, GERALD, WAS FÜR HAARPFLEGE-PRODUKTE GIBT DAS EIGENTLICH IN AFRIKA...??

YAA, WATASHI NO KAWAII HITO, GENKI KAI, BASTI!
MEINT DIE MICH ??
"YAA, WATASHI... GENKI KAI.." DAS HEISST: HALLO, MEINE SÜSSE, WIE GEHT ES DIR?!
WAHRE SCHÖNHEIT KOMMT VON INNEN, CARSTEN !!
ALSO DARÜBER SOLLTEST DU DIR KEINE GEDANKEN MACHEN!
DU SOLLTEST LIEBER MAL DAS IMAGE DEINER MANNSCHAFT AUFPOLIEREN !!
DSF
BILD
ICH GLAUBE, BODE FLIEGT RAUS !!!
ENGLAND AM ENDE
TOT!
QUEEN NACKT!
RAUCHER LEBEN LÄNGER SAGT P. STUYVESANT
GUANOFINK HILFT!

DAS IMAGE?
WIESO MEINST DU, WIR SOLLEN UNSER "IMAGE AUFPOLIEREN" ??
NA, DASS DU DEN ASAMOAH GENOMMEN HAST, IST JA SCHON GUT.
VON WEGEN MULTI KULTI UND SO...
JEDE GROSSE NATIONALMANNSCHAFT HAT EINEN AFRIKASTÄMMIGEN SPIELER IN IHREN REIHEN!
BILD
UND DAS MIT KEHL, DEISLER UND KLOSE ... PRIMA!!
NUNJA... ¿hüstel¿
JUNG UND FORSCH! GENAU RICHTIG!!
BILD
ABER WAS DU WIRKLICH BRAUCHST...
...IST EIN BÖSEWICHT!!
BILD
BÖSE! BÖSE!
WER WIRD RUDIS SCHWARZES SCHAF?
DARTH VADER - UMSCH
ULUNG VONNER IHK
ERST EIN BÖSEWICHT GIBT DEM TEAM CHARAKTER!
BILD
RUDI ZU LIEB?
ICH HAB' DOCH OLIVER KAHN...
SCHNICKSCHNACK!
DEN HAT DOCH IN WIRKLICHKEIT JEDER GERN!
BILD
ALLE LIEBEN OLLI!!
AB
60

UND...UND...UND...
CARSTEN JANCKER?
JA, ABER DER WILL DIE ROLLE NICHT...
WAS DU BRAUCHST, IST EIN BECKHAM DES DEUTSCHEN FUSSBALLS!
EINEN NEUEN BASLER!!!
BILD
DU WEISST SCHON, WER...
BECKHAMORT...
JEMANDEN, DER SICH DAMIT IDENTIFIZIERT.
EINEN REIBUNGSPUNKT IN DER MANNSCHAFT BRAUCHST DU! SONST KRIEGT EIN UNSCHULDIGER SEIN FETT WEG.
WÖRNS ODER IRGEND SO'N SENSIBELCHEN...
HM...BASLER MEINST DU?...
...BASLER...BECKHAM...
...BÖSE...BÖSER...BÖSER BECKHAM...BÖSER BASLER...
...BÖSER BASLER...
...BÖSLER...BÖM-
BÖHME!!
DAS IST ES!!!
ICH SEH' SCHON DIE SCHLAGZEILE: BÖHME BÖSER ALS BECKHAM!!
BILD
RUDI HAT DIE IDEE!!
UND WAS, WENN DAS NICHT KLAPPT??
TJAAA...
BILD
BÖHME AM BÖSESTEN
DANN MUSST DU DAS TICKET NACH JAPAN WOHL AUS EIGENER TASCHE ZAHLEN...
ICH???
OKANJOU ONEGAI SHIMASU, WIE DER JAPANER SAGT.
BILD
ODER SO...

UND SO, KURZ VOR DEM ENGLAND-SPIEL IM ALTEHRWÜRDIGEN OLYMPIA-STADION ZU MÜNCHEN ...
JUNGS! HIER, AN DER STÄTTE DES ERFOLGS VON 1974, IN DER STADT DER WEISSWÜRSTE UND DES WEIZENBIERES ...
... HIER KÖNNT IHR DABEI SEIN UND GESCHICHTE SCHREIBEN! EINGEHEN IN DIE GROSSE ...
... FUSSBALLHISTORIE!! IHR MÜSST NUR AN EINES GLAUBEN!!!
ÄH ... AN DIE AKTIENKURSE?
AN ... AN ... MERCEDES-BENZ??
AN CALVIN KLEIN!!
AN FRANZ BECKENBAUER?
BECKHAM! BECKHAM!! BECKHAM!!!
NEIN, NEIN, NEIN!!!
AN EUREN SIEG MÜSST IHR GLAUBEN!! DANN WERDET IHR GESCHICHTE SCHREIBEN, SEID QUALIFIZIERT UND JEDER DEUTSCHE FAN WIRD EUCH ZU FÜSSEN LIEGEN ...

AUSSERDEM MUSS ICH DANN DIESEN UNSÄGLICHEN WERBEVERTRAG MIT DIESEM REISEVERANSTALTER NICHT UNTERZEICHNEN, UM NACH JAPAN ZU KOMMEN...
WAS HAB' ICH GERADE GESAGT, CARSTEN?
...ÄH...ÄH...MIT...AUF... UNSER'N HÄNDEN TRAGEN...?
BECKHAM! BECKHAM!
WO BIST DU, BECKHAM?
"ZU FÜSSEN LEGEN", CARSTEN...
NUN DENN, SO LASST UNS DIESE NACHT WACHEN UND DEN GEGNER, DER VOR UNSEREN TOREN STEHT, MIT VEREINTEN KRÄFTEN ZURÜCKSCHLAGEN...
BECKHAM, ICH KRIEG DICH...
63

1:5 - Owen erschießt Fußballdeutschland

Drei Tore des Liverpoolers - Beckham von Böhme nicht zu halten

München (spo) - Die Festung Münchner Olympiastadion, in dem noch nie ein englisches Team gewonnen hatte, wurde für Rudis Rüben zur Schlachtbank. Die derbe 1:5-Klatsche lässt die WM-Träume vorerst platzen. Der mühsame Umweg in die Relegation - gegen die Ukraine oder Weißrußland - bleibt letzte Hoffnung der deutschen Elf.

Die Revanche der Engländer für die 0:1-Schlappe im Abschiedsspiel des Wembley-Stadions wurde zu einem Triumphzug für den neuen Trainer Sven-Göran Eriksson. Mit einem Kantersieg dieser Größenordnung hatten sie selbst nicht gerechnet. Noch weniger wohl die Deutschen: Nicht mal Oberunke Günther Netzer hatte einen englischen Sieg für möglich gehalten. Das Minimalziel Unentschieden und die damit verbundene WM-Qualifikation schienen längst in trockenen Tüchern. Als in der sechsten Minute Jancker nach Kopfballvorlage von Neuville das 1:0 schoss, begannen Kollegen bereits, Kommentare zum Untergang Englands zu schreiben. Doch Trainer Eriksson hatte sein Team hervorragend eingestellt; und der unbedingte Wille der Briten, ihre letzte Chance beim Schopf zu packen, beflügelte sie zu einer nicht für möglich gehaltenen Leistungssteigerung. Als Michael Owen bereits in der 12. Minute ausglich, schien noch alles im Lot. Doch zunehmend drängten die Engländer in die Offensive und schafften Sekunden vor der Pause das 2:1 durch einen fulminanten Schuß von Gerrard. Nach dem Wechsel währten gute Vorsätze der Völler-Elf gerade zwei Minuten, ehe erneut Owen einer noch pausierenden deutschen Abwehr das 3:1 einschenkte. In der Folge ließen sich die Briten zunehmend zurückfallen, um unsere kopflos anrennenden Jungs beinhart auszukontern. David Beckham war überall zu finden, sein "Schatten" Jörg Böhme kam regelmäßig zu spät. Und wenn man den Deutschen insgesamt schon kein Lob aussprechen kann, sollte nochmals darauf hingewiesen werden, dass Christian Wörns wirklich besonders scheiße war. Echt wahr! Owen (66.) und Heskey (74.) besiegelten schließlich die zweithöchste Heimniederlage einer deutschen Nationalelf seit 1931 (0:6 gegen die Ösis).

Tja... Tante Käthe wird nun alle Hände voll zu tun haben, um ihre Jungens wieder aufzurichten und über die Relegation noch das Ticket nach Japan zu ergattern. Im Moment haben die Engländer die besseren Karten.

Tänzelnden Schrittes entfleuchte David Beckham seinem Sonderbewacher Böhme ein um's andere Mal - leider mit Ball. (Foto Skippy in the Slaughterhouse)

WAS IST DAS DENN ??
DAS IST EIN FAN!
ER LIEGT UNS ZU FÜSSEN - WIE RUDI GE - SAGT HAT!
BUHUHUUUHUHU...schluchz!
ABER...ABER ER HEULT!!
TJA, DAS ERGEBNIS SCHEINT IHN UMGE - HAUEN ZU HABEN!
RÄBÄÄÄHHHH...
CHRISTIAN, DAS WAR DAS MIESESTE, SCHLECHTESTE, BESCHIS - SENSTE SPIEL, DAS ICH JEMALS VON DIR GESEHEN HABE !!!
RUHIG, GAANZ RUHIG!!
IRGENDWIE HAB' ICH EIN SCHLECHTES GEWISSEN...
KICHER!
FLESCH
CONTIGO - FAIR TRADE
SHOP
SOB
!
ES REICHT!! ALLE HACKEN IMMER NUR AUF MIR RUM! ICH HOL' JETZT MEINEN GROSSEN BRU...ÄH...MEINEN MANAGER!!!
65

ICH LASSE MIR MEINEN CHRISTIAN NICHT VON EUCH NIEDERMACHEN! ER IST DOCH AUCH NUR EIN MENSCH...
?
?
BILD
...UND EIN MENSCH KANN FEHLER MACHEN. EIN MENSCH KANN AUCH MAL EINEN SCHLECHTEN TAG HABEN...
NUN MAL EHRLICH: WER MACHT EINEM BANK-ANGESTELLTEN SCHON EINEN VORWURF, WENN ER MAL AUS VERSEHEN EIN PAAR MILLIONEN AUF DAS KONTO EINES EX-KANZLERS ÜBERWEIST?
???
BILD ???
ODER DEM EINFACHEN MANN VON DER STRASSE, DEM BRUMMI-FAHRER, DEM NACH ZWÖLF STUNDEN FAHRT DIE AUGEN ZUFALLEN UND DER DANN UNGEBREMST DURCH DIE LEITPLANKE IN DEN GEGENVERKEHR BRAUST...
BILD GROSSE AUGEN MACH!
WER WILL ÜBER DIESEN MANN DEN STAB BRECHEN?? WIR SIND DOCH ALLE NUR MENSCHEN UND KÖNNEN MAL EINEN SCHLECHTEN TAG HABEN.
UND DARUM SCHWEIGET JETZT ALLE ÜBER CHRISTIAN UND NEHMT IHN IN EURER MITTE AUF UND SAGT: JA, CHRISTIAN ... DU BIST AUCH NUR EIN MENSCH!
BILD BIN PARA LYSIERT
??
66

BILD HSSLS SSLSS BSSLL
PLINK
TÜR-KLAPP!
BRRRRRRRRRRRRR!!
UND WAS WOLLTE UNS DIESE ANSPRACHE SAGEN?
...hm?...
FRAGEND RUDI AN-SCHAU...
ÄH... VIELLEICHT SOLLTE ES BEDEUTEN, DASS DU JETZT GEGEN FINNLAND VORSICHTIGER SEIN MUSST...
BILD ANGST-GEGNER FINN-LAND?
!
...SONST BRAUST DU NOCH IN DEN GE-GENVERKEHR!!
BILD RUDI UNTER ZUG-ZWANG
67

Nullnummer in jeder Hinsicht

Erneut kein Sieg gegen Finnland - Bierhoff am Ende?

Gelsenkirchen (spo) - Eine blamable erste Halbzeit, vergebliche Bemühungen in der zweiten und ein ambitionierter, aber glückloser Oliver Bierhoff - mehr braucht man über das letzte Gruppenspiel der Nationalelf nicht zu wissen.

Als würden sie in Filzpantoffeln über altes Parkett gleiten, so vorsichtig begannen die verunsicherten deutschen Spieler das Spiel gegen harmlose Finnen. Einmal mehr: Grottenkick! Nach dem Wechsel wurde es besser, die Nachricht von der griechischen Führung in London beflügelte - nun reichte ein Unentschieden für die direkte Qualifikation. Doch zur Sicherheit mußte das Siegtor her! Planloses Anrennen, das durch Fehler der finnischen Abwehr dennoch zu Chancen führte, brachten ein paar Farbtupfer ins Spiel. Das Elend nur: Niemand traf! Allein Bierhoff, der die Chance nutzen wollte, seinen Stammplatz zurück zu erobern, hatte Chancen für zwei Spiele. Doch Latte und Pfosten sowie ein Löffelchen Unvermögen ließen ihn verzweifeln. Denn wie bemerkte schon Andi Brehme: "Haste Scheiße am Fuß, haste Scheiße am Fuß!" Dem ist kaum was hinzuzufügen. Dennoch schien das Team von Rudi Völler dank bärenstarker Griechen in England für die WM qualifiziert. Bis zur 92. Minute, da....

Foto: Giovanni Almoprala

Auch dieser Schuss konnte vom überragenden finnischen Torwart Niemi noch an die Latte gelenkt werden.

DOCH DA TRAT DER FINSTERE DU-WEISST-SCHON-WER AN...
DO IT, BECKS!
...UND...
...TRAF!!
SONST HÄTT' ICH IHN HALT WIEDERHOLEN LASSEN...
2:2
UND SCHOSS DAMIT DIE DEUTSCHEN IN EINE TIEFE DEPRESSION...
KLECKERMANN HAT'S NÖTIG!!
"MACHT'S MÖGLICH", HERR VÖLLER, "MACHT'S MÖGLICH"!!
IST DOCH EGAL! KRIEG' ICH JETZT MEIN JAPAN-TICKET??
NEIN!!
NOCHMAL AUF ANFANG!!
ABER RUDI, DU BRAUCHST NOCH KEIN JAPAN-TICKET!
NICHT?
WIR HABEN DOCH NOCH DIE RELEGATION!!
BILD LETZTE CHANCE RUDI!
ÄCHZ
RELEGATION?
JA! ALL DIE MANNSCHAFTEN, DIE EIGENTLICH VERLOREN HABEN, KÖNNEN DA NOCH GEWINNEN, UND DANN GEWINNEN SIE EINE REISE NACH JAPAN...
ODER SO ÄHNLICH...
BILD JETZT ABER LOS!

DU BRAUCHST JETZT NUR GEGEN DIE UKRAINE ZU GEWINNEN!
SCHON BIST DU AUS DEM SCHNEIDER!!
BILD
NOCH ALLES DRIN!
UM AUS DEM SCHNEIDER ZU SEIN...
...MUSS ICH ERST-MAL EINEN SCHNEIDER DRIN HABEN.
???
BILD
HÄ?
WAS REDEST DU FÜR'N BLÖDSINN, RUDI??
WAS DU JETZT BRAUCHST, SIND ECHTE IMAGE-SPIELER!!
BILD
RUDI??
BILD
TU'S NICHT. WAS IMMER DU VORHAST DU WIRST ES BEREUEN
NICHT, RUUUDiii...
KNÜLL
70
WAS ICH JETZT BRAUCHE,...
...IST MENSCHEN-VERSTAND!
UND GLÜCK!!
DENK AN DIE SCHLAGZEILE! RUUUDiiii...

UND ICH BRAUCHE EUCH !!
IHR SEID STARK GENUG, DIE UKRAINER ZU SCHLAGEN!
ICH, RUDI VÖLLER, VERTRAUE EUCH!
ALSO GEHET HIN UND ZEIGT ES IHNEN !!!
?
!

ABER... WERDEN DIE UKRAINER NICHT ZIEMLICH TRAURIG SEIN, WENN SIE VERLIEREN ?
MÜSSEN WIR SO GEMEIN SEIN ??
IRGENDWIE FIESE...
!
!!
ODER KÖNNTE ICH VIELLEICHT NOCH EIN BISSCHEN MEHR GLÜCK BEKOMMEN... ?

1:1 - Glück gehabt!!!

Bernd Schneider überzeugte - Schewtschenko blieb blass

Kiew (spo) - Noch ist nichts entschieden. In der Relegation um eines der letzten Tickets zur Weltmeisterschaft 2002 in Japan und Südkorea einigten sich die Ukraine und der dreimalige Weltmeister Deutschland nach umkämpften Spiel auf ein Unentschieden.

Engagiert waren sie, unsere Jungs, aber ob wirklich alle begriffen hatten, dass sie am letzten Strohhalm zutzeln? Es reichte, um der Ukraine auf dem gefürchteten Acker Kiews ein 1:1 abzutrotzen. Wer jedoch nun das Rückspiel in Dortmund als Selbstgänger betrachtet, sei daran erinnert, daß die Ukraine in den Gruppenspielen auswärts wesentlich erfolgreicher war als vor heimischer Kulisse.

In der zweiten Minute hätte Worobej das Führungstor machen müssen, doch vom Kahn'schen Unterbiss eingeschüchtert schob er die Kugel an den Pfosten. Dennoch ging die Elf von Trainer-Buddha Waleri Lobanowski in Führung: Ein Freistoß des ansonsten gut abgeschirmten Schewtschenko prallte von der deutschen Mauer direkt vor die Füße Subows, der aus sieben Metern genüsslich einschob. Man mußte das Schlimmste befürchten, doch die Völler-Truppe besann sich auf ihre Offensiv-Qualitäten und kam besser ins Spiel. Vor allem Bernd Schneider brachte von der rechten Seite immer häufiger gefährliche Aktionen vor das ukrainische Tor. Kopfbälle von Rehmer und Linke trafen nur die Latte, ehe in der 31. Minute der verdiente Ausgleich fiel: Schneiders Flanke verlängerte Zickler per Kopf auf Ballack der den Ball aus wenigen Metern eingrätschte. Weitere Chancen auf beiden Seiten noch vor dem Pausentee konnten an dem Ergebnis ebenso wenig ändern wie eine weitgehend ereignislose zweite Halbzeit. Das DFB-Team kontrollierte das Geschehen, schien aber mit der vermeintlich "guten Ausgangsposition" zufrieden. Jetzt kommt es im Rückspiel zu einem wahren Finale um das WM-Ticket.

Nach tollem Einsatz von Zickler macht Michael Ballack den gaaanz langen Fuß und grätscht zum verdienten Ausgleich ein. Keeper Lewizki kommt zu spät.

NU' MAL KOPF HOCH!
KANN DOCH ALLES NICHT SO SCHLIMM SEIN, ODER? DAS IST DOCH NICHT DIE WELT...
BUÄÄÄH
SCHWUNGKUNST.DE - ÖGYR
IN HOCHFORM
ES GIBT SCHLIMMERES!
WIMMER
HEUL
RUF' DIE MANNSCHAFT ZUSAMMEN, MICHAEL!!
...ÄH, ...KLAR!
¿SNIEF?
DAS HIER, MEINE FREUNDE, IST EIN FAN!!
ER IST NUR EINER VON MILLIONEN FANS VON EUCH IM GANZEN LAND!!!
EDITION FISCHKOPP
Comic-now.de
STENKELFELD VOR
REHMER 2
DEISLER 10
RAMELOW 6
KAHN
LEHMANN
73

WOCHE FÜR WOCHE STRÖMEN SIE IN DIE STADIEN UND AN DIE FERNSEHER, ...
...NUR UM EUCH ZU SEHEN.
?
SIE BEZAHLEN EINTRITTSGELD UND FERNSEHGEBÜHREN. SIE ERTRAGEN STÄNDIGE WERBEPAUSEN.
!
SIE KAUFEN EURE MERCHANDISING-PRODUKTE.
WIE ZUM BEISPIEL DIESE WITZIGEN TRIXIE™-QUIETSCHE-FIGUREN ...
FÜR EIN PAAR EURO IM GUTSORTIERTEN FACHHANDEL ERHÄLTLICH!!
UND ALLES, WAS SIE VON EUCH WOLLEN, IST: DASS IHR FUSSBALL SPIELT! UND WENN IHR DAS NICHT KÖNNT...
WEG-GRABSCH!
...FUSSBALL KÄMPFT!!!
UND NUN...
...GEHT...
...UND...
...SPIELT...!
PUUH...
ACH WAS?!
WENN ES DAS IST!
HÄTTEN SIE JA GLEICH SAGEN KÖNNEN...
BOOH...
WENN DAS MAN GUT GEHT
BALLACK
JANCKER
...UND SO GINGEN SIE DAHIN, AUF ZUR ALLERLETZTEN CHANCE...
74

UND OPA...
UND OPA...
HABEN SIE'S GESCHAFFT?
TJA, JUNGS... WIE SOLL ICH DAS SAGEN...?!
DIESE MANNSCHAFT IST ALLES GEWESEN: RUDIS RÜBEN, RUDIS RANUNKELN, RUDIS RAT- UND RUDIS RUHELOSIGKEIT...
ABER IN DIESEM SPIEL WAREN SIE WIRKLICH...
WAS?
WAS?
75

...RUDIS RIESEN!!!
FOMP!
UPS?
SCHON IN DER 4. MINUTE NIMMT DER SCHNEIDER BERND EINEM UKRAINER DEN BALL AB UND FLANKT IHN MUSTERGÜLTIG AUF DEN WACHEN KOPF VOM BALLACK MICHAEL.
SIEBEN MINUTEN SPÄTER IST ES NEUVILLE OLIVER, DER NACH EINEM KOPFBALL VOM REHMER MARKO DEN BALL IM NACHSETZEN UNWIDERSTEHLICH REIN TUT.
EYH, DAS WAR EIGENTLICH MEIN TOR!
MACH DIR DOCH SELBST EINS!!
REHMER
2
UND DER REHMER MARKO, GAR NICHT FAUL, MACHT DANN IN DER 15. MINUTE GLEICH NOCH DAS 3:0.

ES WAR WUNDERBAR! DER HAMANN DIDI UND DER RAMELOW CARSTEN GRÄTSCHTEN IM MITTELFELD WEG, WAS NUR WEG GING. DER NOWOTNY JENS UND DER LINKE THOMAS HIELTEN HINTEN SO DICHT, DASS DER KAHN OLIVER NIX ZU TUN HATTE.
!
!!
Ruuuudi!
DER ZIEGE CHRISTIAN UND JANCKERS CARSTEN SPIELTEN WIE VON EINEM ANDEREN STERN.
FAST ÜBERFLÜSSIG ZU ERWÄHNEN, DASS DER BALLACK MICHAEL AUF FLANKE DES NEUVILLE OLIVER NOCH EINEN VIERTEN DRAUF SETZTE...
UPS!
...UND DEN UKRAINERN KURZ VOR SCHLUSS NOCH DER EHRENTREFFER GELANG.

UND DAS ALLES NUR...
...WEIL SIE ENDLICH FUSSBALL GESPIELT HABEN !!!
PUUH...
STÖHN...
HERRJE ... WAR DAS SPANNEND !!
ABER...
ABER DAS HEISST JA, DASS SIE SICH FÜR JAPAN QUALIFIZIERT HABEN !!
GENAU ! ERZÄHL UNS VON JAPAN, OPA !!
WAS IST DA GESCHEHEN?
...OH, ES IST SPÄT GEWORDEN, DIE ERDE IST SCHON AUFGEGANGEN...
AB IN'S BETT MIT EUCH !!
OOOOH...
MENNO !...
78

JAJA … JAPAN, KINDER …
KAMERUN, SAUDI-ARABIEN, IRLAND – DAS IST EINE GANZ ANDERE GESCHICHTE VOLLER TORE, KABINETTSTÜCKCHEN UND GLANZPARADEN …

… UND VIELLEICHT AUCH MIT EINEM HAPPY-END …
ABER DAVON WERDE ICH EUCH EIN ANDERES MAL ERZÄHLEN …

DIE TÄTER

LUTZ MATHESDORF (VERSE)

DER INTROVERTIERTE KÜNSTLER AUS GROSS KUMMERFELD HAT SICH JAHRELANG MIT DEM PHÄNOMEN FUSSBALL AUSEINANDER GESETZT. DABEI HERAUSGEKOMMEN SIND: EINE ZERRUNG BEIDER ARMMUSKEL (EM-JUBEL 1996), EIN FUSSBRUCH (TRITT GEGEN DEN FERNSEHER NACH DEM 1:5 GEGEN ENGLAND), EINE ZERQUETSCHTE HAND SEINER FREUNDIN (ZITTERN UM DIE WM-QUALI GEGEN DIE UKRAINE) SOWIE ZWEI SÖHNE, DIE NICHT MEHR MIT IHREM VATER FUSSBALL SCHAUEN WOLLEN (WUTAUSBRUCH BEI BECKHAMS AUSGLEICHSTREFFER GEGEN GRIECHENLAND).
WENN MATHESDORF NICHT FUSSBALL GUCKT, SCHREIBT ER COMICS ÜBER MICHAEL SCHUMACHER ("UNSER SCHUMI", "GIB GUMMI!" BEI CARLSEN; "WIE KRANK IST ER WIRKLICH?" BEI ACHTERBAHN), ÜBER DIE LÄNDLICHE IDYLLE SCHLESWIG-HOLSTEINS ("BAUER HARMS AUS KLEIN KUMMERFELD" UND "...AUF MALLORCA" IM KLEIN KUMMERFELD VERLAG) UND ÜBER PERFEKTE AUFBAHRUNGSTECHNIKEN ("LEICHENWÄSCHER KARL" BEI ACHTERBAHN).

VOLKER SPONHOLZ (KRITZELEI)

DER DRAUFGÄNGERISCHE LEBEMANN AUS DEM HOHEN NORDEN IST EIN WAHRER KÜNSTLER. ER WEISS DEM BALL EINEN PERFEKTEN SCHNITT ZU GEBEN UND DEM STRICH NUANCENREICHE FACETTEN. DIESER "BEAU" DES DEUTSCHEN COMICS VERPASSTE SCHON IN DEN WERKEN "BERTIS BUBEN", "AUF NACH FRANKREICH!", "SIR ERICHS BUNDESLIGAREPORT" UND "RIBBECKS RACKER" (ALLE BEI ROWOHLT) DER DEUTSCHEN NATIONALELF DEN LETZTEN SCHLIFF.
IN KIEL STEHT DER LIEBEVOLLE "TUNICHTGUT" AUF DER SCHWARZEN LISTE, DA ER IN ROBIN HOOD-MANIER EINFLUSSREICHEN PERSÖNLICHKEITEN DURCH SEINE "NORBERT GANS"-COMICS IN DIE PARADE FÄHRT. IMMER SMART, IMMER UNDERCOVER KÄMPFT ER GEGEN DIE REICHEN UND BESCHENKT DIE ARMEN MIT SEINEN WERKEN. UNVERGESSEN AUCH "EHRENSACHE" UND "PESCHKE", DIE IN DER SAGENUMWOBENEN EDITION FISCHKOPP ERSCHIENEN.

MEHR VON DEN BEIDEN AUF
www.comic-now.de